AF245291

RÉVOLUTION FINANCIÈRE

PAR

L'ÉTAT FRANÇAIS

SES EFFETS MATÉRIELS ET MORAUX

PRIMIÈRE ÉDITION

Prix : **50** centimes.

PARIS

CHEZ E. LACHAUD, ÉDITEUR

4, PLACE DU THÉATRE FRANÇAIS

ET CHEZ TOUS LES LIBRAIRES.

—

1871

RÉVOLUTION FINANCIÈRE

PAR

L'ÉTAT FRANÇAIS

—

SES EFFETS MATÉRIELS ET MORAUX

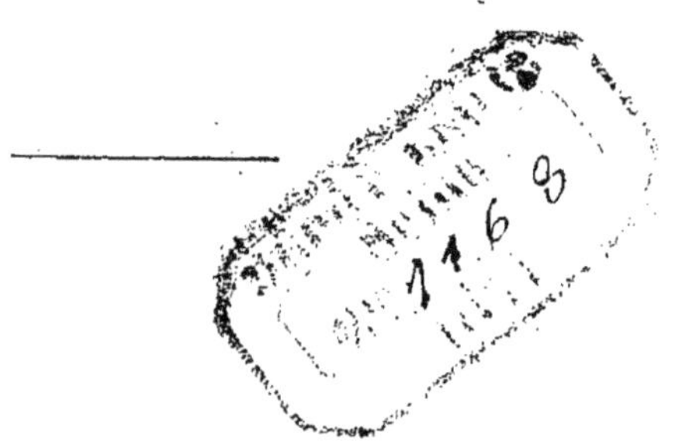

1871

RÉVOLUTION FINANCIÈRE

PAR

L'ÉTAT FRANÇAIS

SES EFFETS MATÉRIELS ET MORAUX.

1º *Amortissement en 17 années de l'emprunt de six milliards néçessaires à la France pour couvrir ses charges de guerre de 1870-71;*

2º *Extinction, dans le cours de trente-cinq ans, du surplus de la dette française, inscrite au grand-livre;*

3º *Accroissement immédiat d'un milliard et demi à l'actif de la fortune publique.*

Système basé sur deux sciences positives :
l'Arithmétique et l'algèbre.

§ I.

Chercher les moyens de conjurer, ou tout au moins, d'atténuer les effets désastreux d'une crise monétaire sans précédent et proportionnée au chiffre de l'emprunt fabuleux que la France est obligée de contracter, pour faire face à ses charges de guerre, c'est le devoir de tout bon Français : chef d'État, ministre ou simple particulier.

C'est à ce point de vue, que nous croyons devoir attirer l'attention du Gouvernement et celle des hommes qui s'intéressent à la prospérité du pays, sur le plan financier que nous avons la hardiesse d'exposer ci-après, comme nous paraissant de nature à sauvegarder, d'une part, les ressources de l'Etat, et à accroître, dans une certaine limite, la fortune publique.

Bon nombre de questions, plus ou moins négligées, ou considérées comme insolubles à des époques antérieures à nos jours ; reprises en sous-œuvre par la science moderne, élucidées à fond par celle-ci, et rendues enfin pratiques : ont déjà rendu, on ne peut en disconvenir, d'immenses services à la société actuelle.

Espérons que celle que nous traitons ici, qui, elle aussi, ne date pas d'hier, ne manquera pas de faire également sa gerbe au nouveau banquet social.

Pour rendre notre thèse aussi claire et aussi concise que possible, nous allons la formuler en projet de loi.

Projet de Loi

ARTICLE PRÉMIER. Le Gouvernement est autorisé à contracter un emprunt de six milliards, pour faire face aux charges diverses de l'État, et notamment, à l'indemnité de guerre souscrite au profit de la Prusse et autres gouvernements Allemands.

ART. 2. Cet emprunt sera représenté par sept milliards et demi de billlets d'État, ayant cours forcé et amortissables dans le cours de dix-sept années, à partir de la date de leur émission.

Ces billets seront d'une valeur de : 1000, 500, 250, 125 et 50 francs. Ils sont garantis par l'état au même titre que la rente.

ART. 3. Les billets d'État, émis en vertu de la présente loi, ne porteront aucun intérêt. Cet intérêt sera compensé au profit du preneur, par une bonification en titres de un quart, ou vingt-cinq pour cent, de la valeur nominale des billets émis.

ART. 4. L'amortissement en dix-sept années, ainsi qu'il est dit en l'article 2, ci-dessus, s'effectuera au moyen d'un versement de trois-cents millions par année, qui seront versés par l'État, à la Caisse d'amortissement instituée par l'article 5, ci-après et ce, en douze versements égaux, de vingt-cinq millions chacun, le quinze de chaque mois.

ART. 5. Il est créé un établissement portant la dénomination de : Caisse d'amortissement de l'emprunt d'État de 1871. Son administration sera composée d'un directeur, d'un sous-directeur, d'un caissier comptable, et d'un conseil privé, de cinq membres, pris parmi les régents de la Banque de France.

ART. 6. La Caisse d'amortissement a pour attributions :

1° L'emploi des versements mensuels effectués par l'État, en achat de titres déterminés dans l'article sept ci-après.

2° L'encaissement et le remploi des coupons trimestriels et semestriels, provenant des valeurs antérieurement acquises par la Caisse.

Art. 7. La Caisse d'amortissement ne peut faire emploi des ressources qui lui sont affectées, qu'en rentes sur l'État, obligations du Crédit foncier de France, obligations de la ville de Paris, obligations des chemins de fer Français, et bons du trésor.

Art. 8. Les titres acquis par la Caisse d'amortissement, sont nominatifs ; ils sont déposés au fur et à mesure de leur réalisation, à la Banque de France, qui ouvrira à cet effet, un compte à la Caisse d'amortissement, et percevra un droit de garde.

Art. 9. Les coupons à encaisser trimestriellement et semestriellement, seront par les soins de la Banque de France, détachés de la souche, et remis à la Caisse d'amortissement, cinq jours avant leur échéance.

Art. 10. Le conseil privé se réunit tous les mois, dans la huitaine qui précède l'échéance des opérations de remploi des coupons et des versements à effectuer par l'État, et extraordirement chaque fois que le directeur en reconnaît la nécessité, et sur sa convocation.

Le directeur assiste aux délibérations du conseil, et y a voix délibérative ; à sa première séance, le conseil nomme son président ; le directeur remplit les fonctions de secrétaire.

Les délibérations sont prises à la majorité des voix. En cas de partage, la voix du président est prépondérante.

Art. 11. Le traitement du directeur est fixé à douze mille fr., celui du sous-directeur, à huit mille. Le caissier comptable, à cinq mille.

Le directeur nomme les employés auxiliaires et fixe leurs appointements.

Les fonctions du conseil privé sont gratuites, ses membres n'ont droit qu'à un jeton de présence, de la valeur de   fr.

Art. 12. Si pendant le cours des opérations de la Caisse d'amortissement, il y avait intérêt à liquider une ou plusieurs valeurs de portefeuille, pour en faire remploi en d'autres titres ; ces opérations ne pourront avoir lieu qu'en vertu d'une délibération prise à la majorité des voix, par le conseil de la Caisse, et approuvée par le ministre des finances.

Art. 13. La Caisse d'amortissement est soumise à la surveillance de l'État. Le mode de cette surveillance sera déterminé ultérieurement, par un réglement dressé par le conseil d'Etat, et approuvé par le ministre des finances.

Liquidation de la Caisse d'Amortissement des billets d'État.

Art. 14. L'amortissement des billets d'État, émis en vertu de la présente loi, s'effectuera dans le dernier semestre de 1888 et au plus tard dans le premier semestre de 1889.

Un décret du Gouvernement, publié trois mois à l'avance, déterminera l'époque précise de cet amortissement.

Art. 15. Les porteurs de billets d'État, seront remboursés en valeurs de portefeuille de la Caisse d'amortissement, et non autrement, et autant que faire se pourra en valeurs diverses et proportionnelles au chiffre effectif de chaque nature de valeur, formant le portefeuille de la Caisse.

Art. 16. Les opérations de libération de la Caisse d'amortissement, s'effectueront d'après la côte moyenne, délivrée par le syndicat des agents de change de la Bourse de Paris, pendant le dernier trimestre qui précèdera le jour de l'ouverture des opérations de remboursement.

Art. 17. Les opérations de remboursement auront une durée de six mois, à partir du jour de l'ouverture desdites opérations. Les valeurs appartenant aux porteurs de billets qui ne se seraient pas présentés dans ce délai, seront déposées à la Banque de France, au compte de qui il appartiendra.

Les valeurs non réclamées dans le cours de cinq années, à partir du jour de la clôture des opérations, sont prescrites et font retour à l'Etat.

Art. 18. Dans la huitaine de la clôture des opérations d'amortissement, les billets remboursés seront soumis à une commission de dix membres pris dans le Conseil d'Etat et présidée par le ministre des finances.

Cette commission dressera un état des billets remboursés, ainsi que des valeurs afférentes aux billets non présentés à la caisse d'amortissement, et devant être déposées à la banque de France, procèdera à l'annihilation des billets remboursés, et dressera du tout procès-verbal qui sera transcrit sur un registre de l'Etat.

§ II.

S'il est souvent aussi imprudent pour les états, que pour les particuliers, de s'aventurer dans des innovations qui n'ont encore acquis ni la sanction du temps, ni les épreuves de la pratique, il peut être tout aussi préjudiciable pour les uns et pour les autres de rester systématiquement enchaînés dans une routine énervante et en opposition aux lois naturelles et divines; lesquelles nous tracent une marche ascendente et sans arrêt.

Fort heureusement, nous nous trouvons placés ici sur un terrain solide; mieux que cela, sur une route non seulement praticable, mais pratiquée, présentant des garanties d'autant plus sérieuses, que ses assises reposent, ainsi que nous le constatons en tête de cet opuscule, sur des données qui nous sont enseignées par les sciences positives; soit : *la multiplication des capitaux, par ce qu'on appelle les intérêts composés.*

Oui, cette puissance est infinie !

Que de bien, que de richesses, n'en ressortiraient-il pas, non-seulement pour les états, mais pour le particulier, mais pour l'industrie en général, si cette science était plus vulgarisée, et partant mieux comprise ?

Donnons-en un seul exemple, que nous puisons dans un savant traité, intitulé *Études sur les Assurances,* publié il y a quelques années, par Eugène Reboul.

« Quatre éléments, dit cet économiste, se trouvent constam-
» ment dans toutes les questions d'intérêt : le taux, le temps, la
» valeur actuelle ou au comptant, la valeur à terme ou montant
» du capital productif d'intérêts. Quant à l'escompte, ce n'est autre
» chose que la différence entre la valeur nominale ou montant
» de la valeur actuelle.

« Le taux, c'est la commune mesure, l'étalon, ou mieux,
» l'unité d'intérêt. Dans le calcul, c'est l'intérêt de l'unité mo-
» nétaire pendant l'unité de temps. Dans les transactions de la
» vie civile, on a coutume de prendre pour taux l'intérêt de cent
» francs pendant un an.

» Les questions d'intérêt simple se résolvent par des opérations
» d'arithmétique ou par un calcul mental, et ne présentent au-
» cune difficulté.

» L'intérêt devient fructifère, se capitalise, comme on dit,
» quand, au lieu de le recueillir, le prêteur le laisse joint au
» capital entre les mains de l'emprunteur; on dit alors que le
» placement est fait à intérêts composés.

» Une théorie complète des intérêts composés ne saurait trouver
» place ici; mais si j'étais condamné à donner cette théorie en
» trois mots, je dirai simplement : *Time is money.*

» Cet aphorisme, cher aux anglais, peut être taxé d'hyperbole
» quand il s'agit d'apprécier la valeur du temps dans la vie or-
» dinaire; mais, comme on va le voir, il acquiert une précision
» mathématique en matière d'intérêts.

» Une somme placée à intérêts composés, au denier vingt, c'est-
» à-dire à cinq pour cent depuis quatorze ans et soixante-quinze
» jours, *ou deux fois cette somme*, c'est identiquement la même
» chose. Réciproquement, cent francs qui ne sont payables que
» dans quatorze ans et soixante-quinze jours, ou cinquante francs
» comptant : c'est tout un. Donc, donner quatorze ans et soixante
» quinze jours pour payer une dette, ou remettre la moitié de
» cette dette, cela revient exactement au même, donc, le temps
« est de l'argent : *Time is money.*

» Une somme placée à intérêts composés, toujours à cinq pour
» cent, se quintuple en trente-trois ans. De sorte que cent francs
» qui ne sont payables qu'au bout de trente-trois ans, ne valent au-
» jourd'hui que vingt francs. Donc, donner trente-trois ans de dé-
» lai pour payer une somme qui vous est due actuellement, c'est
» en donner les quatre cinquièmes, puisque le cinquième restant
» est quintuplé en trente-trois ans, et par conséquent reproduit à
» lui seul tout le capital, uniquement par la puissance de l'intérêt
» composé.

» Cette puissance est énorme; elle s'accélère avec le temps, et
» suit une progression géométrique d'autant plus rapide que le
» taux est plus élevé. Ainsi, en cent ans, un capital placé à cinq
» pour cent, intérêts composés, devient environ cent trente-une
» fois plus grand, et deux millions de fois plus considérable en
» moins de trois siècles.

» Un centime placé de la sorte au commencement de l'ère
» chrétienne aurait produit la valeur de plusieurs milliers de
» globes d'or de la grosseur de notre planète : *Time is money.*

» En prenant d'autres taux d'intérêts, on aurait d'autres pé-
» riodes de reproduction des capitaux, mais le raisonnement ne
» change pas.

Si nous sortons de cette théorie pour entrer dans le domaine de
la pratique, voici les enseignements que nous y puisons : Pierre
ou Paul, ou tous les deux ensemble, ont contracté une dette d'un
million qu'ils se sont obligés de rembourser le 1er janvier 1900.
Pierre et Paul désirant se libérer immédiatement de cette dette,
se rendent dans les bureaux d'une compagnie d'assurances sur la
vie, versent dans la caisse de celle-ci, cent cinquante, cent qua-
tre-vingts ou deux cents mille francs, selon tarif, variable en
raison de l'époque plus ou moins reculée du remboursement. Ce
versement effectué, la compagnie d'assurance se substitue au lieu
et place de Pierre et Paul, et s'oblige à rembourser à échéance
fixe, le million dont s'agit, bien qu'elle n'ait reçu en compensa-
tion qu'une somme inférieure au cinquième du capital à rembourser.

Par le même principe renversé :

Pierre et Paul possèdent une fortune immobilière d'environ
deux millions; mais ce sont des industriels qui manquent de
capitaux pour donner à leur industrie tout le développement que
celle-ci comporte.

Pierre et Paul s'adressent au crédit foncier de France, déposent
dans ses bureaux leurs titres de propriétés. Les préposés de cette
administration vérifient la valeur de ces titres, et si la garantie
leur paraît suffisante pour assurer, quand même, le payement
des intérêts et de la prime d'amortissement, le crédit foncier verse
immédiatement dans les mains de Pierre et de Paul, un million

ou plus, et, comme on dit, à fond perdu, — à la charge seule et unique, de payer pendant un nombre déterminé d'années, une annuité de six francs et tant de centimes par cent francs du capital reçu; soit, cinq francs, à titre d'intérêt légal, et un franc et des centimes pour prime d'amortissement.

Quel est le principe sur lequel reposent ces diverses combinaisons?

L'intérêt composé, et toujours l'intérêt composé!

Nous pensons, à bon droit, que ces simples exemples sont largement suffisants pour établir, d'une part, la rectitude du plan que nous venons d'exposer, et aussi bien, les conséquences qui en découlent.

Conséquences tellement vastes, en effet, et se rapprochant tellement du prodige, que nous serions entraîné à croire à une hallucination de notre esprit, si nous n'étions aussi raffermi sur la valeur des bases sur lesquelles elles reposent, et sur l'expérience pratique qui en fait aujourd'hui le couronnement!

§ III

Le principe admis, les effets utiles reconnus, l'opportunité telle qu'elle ne se rencontrera jamais (nous aimons à le croire) dans les faste de notre histoire, s'en suit-il que la mesure ne puisse être repoussée par qui de droit?

Nous sommes trop vieux pour pouvoir nous faire une pareille illusion. Toute grande mesure aura toujours à compter chez nous, avec trois ennemis puissants : la routine, les gros intérêts privés, et les faux savants. Ces derniers notamment, exercent une puissance d'autant plus dangéreuse, qu'ils tiennent leur prestige de l'engouement irréfléchi du public, et qu'ils ont reçu de ce dernier, un brevet pour tuer la vraie science, au même titre que la faculté de médecine, accorde des brevets ou patentes à certains ignorants, pour tuer l'humanité !

N'est-ce pas une commission de savants de cette encolure qui, à une époque mémorable de notre histoire, déclara l'invention de la vapeur une chimère, et décerna à son inventeur un brevet de folie ?

N'est-ce pas un petit groupe d'économistes fort autorisés qui, à une époque postérieure, à eu assez de pouvoir pour enrayer pendant plusieurs années, l'établissement des chemins de fer Français, sous ce vain et spécieux motif, que toutes les ressources monétaires de la France iraient s'enfouir dans les terrassements et dans les rails, d'où devait ressortir une affreuse catastrophe financière ?

Qu'est-il résulté de cette sentence ?

Que le bon sens public a fini par faire justice du non sens, a renversé une digue élevée sur du sable, construit ses chemins de fer, et presque doublé par ce fait, en moins de vingt années, la fortune mobilière de la France ?

A l'heure qu'il est, n'existe-t'il pas une école qui a la prétention de faire autorité, et qui nous affirme en termes positifs que, les valeurs de bourse, sans distinction des bonnes et des mauvaises, la rente d'état, par exemple, les obligations du Crédit foncier, des Chemins de fer Français, etc, etc., ne constituent pas un accroissement de richesse pour les pays qui les émet ?

Nous ne sommes pas métaphysicien, et n'avons, et pour cause, aucune prétention à la science, ce qui fait que nous ignorons entièrement les théories abstraites sur lesquelles s'appuie cette école pour établir sa prétention.

Mais au risque de constater doublement notre ignorance, nous continuerons à procéder comme nous avons l'habitude de le faire, d'après des éléments plus simples, moins scientifiques, mais à coup sûr, plus élémentaires, et partant plus saisissables pour le commun des mortels, soit, par des rapprochements et des exemples.

C'est ainsi que, notre ami, Paul, confiant dans l'avenir des Chemins de fer français, se rendit souscripteur, il y a de cela vingt ou vingt-cinq ans, de cinquante obligations, crées par l'administration du chemin de fer du Nord, au prix de mille francs l'une, croyons-nous, Paul versa comme de juste cinquante mille francs en écus à la Caisse du Nord, et reçut des mains du caissier de cette compagnie cinquante morceaux de papier représentant une valeur de mille francs l'un, du moins Paul les prit pour tels, et mieux encore, car sans cela nous supposons qu'il n'aurait pas fait l'opération.

Les cinquante mille francs versés par Paul, dans la caisse du chemin de fer du Nord, n'étant pas destinés à être immobilisés dans les coffres de cette administration, mais bien, à couvrir les dépenses de construction de la voie ferrée, traitements et salaires d'employés, d'ouvriers, etc., il en est résulté que les cinquante mille francs dont s'agit, divisés en dix, vingt, ou cent parties, circulent depuis vingt ou vingt-cinq ans, de main en main, et ont concouru fraction par fraction, à un nombre indéfini d'opérations plus ou moins lucratives pour leurs possesseurs.

De son côté, Paul, industriel, ainsi que nous l'avons dit, profitant au bout de quelques semaines d'un moment de hausse sur les obligations du Nord, vend ses obligations, en verse le montant dans sa caisse, achète des marchandises sur lesquelles il réalise un bénéfice, en achète de nouvelles, et depuis vingt ou vingt-cinq ans, Paul vire et revire, vingt, trente fois par an, ce susdit capital qui, selon les données probables, a dû se quintupler dans cette période de temps.

Est-ce que les opérations réalisées par Paul, à l'aide de ce capital-obligation, ont fait obstacle, en quoi que ce soit, au fonctionnement normal et régulier du capital écus, jadis versé par ce dernier à la caisse du chemin de fer du Nord, et réciproquement ?

Est-ce que, ces deux capitaux, dont un n'a coûté qu'un centime, ou moins (la valeur intrinsèque du papier), n'ont pas opéré séparément, rempli le même but, donné lieu à un nombre égal d'opérations, rempli, en un mot, la même fonction ?

Comment admettre alors que ces deux capitaux n'en font qu'un, que l'industrie, le commerce, fonctionneraient aussi grandement avec un capital, le capital écus, c'est-à-dire avec le capital primitif, qu'ils fonctionnent aujourd'hui avec une valeur double ? mieux que cela, avec une valeur triple ou quadruple; car il ne faut pas oublier que chaque capital progresse comme disent les mathématiciens, dans une proportion géométrique.

Donc, à notre compte, un et un, font réellement deux.

Mais, nous dira-t-on, les écus restent, ils survivent au temps, tandis que les valeurs-papier n'ont qn'une durée déterminée, il faut les racheter avec des écus, et le jour de leur amortissement, nous nous trouvons au même point que si ces valeurs n'avaient jamais existé.

Erreur. La valeur-papier s'amortit, il est vrai, et le jour de son amortissement, elle a cessé d'être. Mais ne perdons pas de vue que si cette valeur a eu une durée de trente à quarante ans; par exemple, de la date de sa création au jour de son amortissement, en calculant son produit au denier vingt, elle s'est reproduite cinq fois en trente-trois ans, et que si elle a fait son roulement dans l'industrie, elle a pu se reproduire dix fois et plus, jusqu'au jour de son amortissement..

En bonne règle, le capital-papier ne devrait donc différer d'avec le capital écu, dont la durée est censée éternelle, que dans la proportion du cinquième, et encore, est-ce une appréciation bien exacte ?

En effet, est-ce que l'argent, l'or, ne se détruisent pas par le frottement et par le temps ?

Ce n'est donc que par un calcul assez abstrait, et qui ne peut avoir d'autre base que le temps, qu'on peut arriver à une appréciation plus ou moins exacte sur la différence de valeur qui peut exister entre le capital écu et le capital papier, et sans toutefois que cette différence puisse jamais dépasser ni même atteindre, dans les conditions actuelles, la valeur du cinquième.

§ III.

Le rejet du projet, c'est-à-dire le *statu quo*, laisse l'État français, sous le poids d'une dette consolidée des plus embarrassantes et qui plus est, dangereuse pour les gouvernements qui se succèderont, quels qu'ils soient. En effet, nous n'avons pas encore vu de révolution qui n'ait pris son prétexte et n'ait pas eu pour premier cri d'alarme : la ruine de l'État, la banqueroute, la misère générale, etc., etc.

A ce point de vue seulement, qui a bien sa valeur, et avec lequel nous aurons toujours à compter; le gouvernement assez habile pour enlever à la révolution son premier mot d'ordre, son principal levier, n'aurait-il pas bien mérité de la patrie?

Au fond, la différence entre le *statu quo* et les conséquences devant nécessairement ressortir du plan ci-dessus. est assez sensible pour qu'on y regarde à deux fois avant de se prononcer pour le rejet.

Dans le premier cas, une dette consolidée de vingt à vingt-deux milliards, lorsque la France aura rempli ses derniers engagements avec l'Allemagne. D'où il suit que, s'il a été difficile, pour ne pas dire impossible, aux différents gouvernements qui se sont succédé en France, d'équilibrer les budjets de l'État avec une dette consolidée de douze à quatorze milliards, comment les gouvernements à venir, s'en retireront-ils, avec une charge nouvelles d'au moins huit milliards?

Avec des réductions de dépenses, nous dira-t-on !

Qu'on ne s'abuse pas, ces réductions ne sont pas aussi faciles que bien des gens se le figurent, et au point où en est l'Europe aujourd'hui, nous ne pensons pas que ce soit le cas de songer à la suppression des armées permanentes.

Recourra-t-on à une augmentation d'impôts?

Mais les impôts actuels sont déjà si lourds, que c'est presque un danger que d'y songer.

Ne nous abusons pas, nous sommes ici sur un terrain brûlant. Un état qui n'équilibre pas ses budjets, ou qui les équibre avec difficulté, augmente sa dette, il est, par cela même, en dehors des conditions possibles d'amortissement. Il frise la décadence, ce qui équivaut à un anéantissement plus ou moins reculé, mais certain.

Le plan ci-dessus a pour conséquence: d'amortir l'emprunt de six milliards (1), dans le cours *de dix-sept années*, au moyen d'un versement annuel de trois-cents millions à effectuer par

---

(1) Le chiffre de six milliards, indiqué comme base de l'emprunt, n'est pas exclusif. Il peut être réduit à la proportion qui sera jugée ne pouvoir déterminer un trop plein de valeurs. Ce à quoi nous tenons avant tout, c'est de poser un principe qui a pour conséquence forcée l'extinction complète de notre dette consolidée dans un temps donné.

l'État, à la Caisse d'amortissement dont nous demandons la création. *Soit, le même chiffre que l'État devra payer annuellement aux preneurs de rentes, si son emprunt s'effectue et réussit de la sorte.*

Dans le premier cas, l'État reste affranchi au bout de dix-sept années de la subvention annuelle de trois-cents millions à verser, comme il est dit, à la caisse d'amortissement, et du principal de sa dette montant à *six milliards.*

Dans le second cas, l'État se place dans l'obligation de payer indéfiniment la rente annuelle de trois-cents millions, sans espoir, il faut le dire, de jamais éteindre sa dette.

Or, payer trois-cents millions pendant dix-sept ans, pour être entièrement libéré en capital et intérêts, d'une dette de six milliards, ou payer trois-cents milions par an, jusqu'à la consommation des siècles, sans jamais être libéré du principal.

Quel est celui qui vaut le mieux ?

Il va sans dire que, l'état se libérant de six millards, dans la première période de dix-sept années, la même opération réitérée deux fois à la suite de la première, nous conduiraient forcément à l'extinction de notre dette consolidée, dans le cours de cinquante-un an, au plus. Mais remarquons bien ici que les deux premières opérations, dont la seconde expire à la fin de la trente-quatrième année, ayant déjà amorti douze milliards. Il ne reste plus à éteindre qu'une dette consolidée de six à sept millards.

D'où il suit, que la troisième opération faisant rentrer dans la Caisse de l'État, un nouveau capital de six millards, celui-ci se trouve en mesure, au bout de trente-quatre ans et quelques mois, de racheter le surplus de sa dette; soit d'amortir ce qui reste d'inscriptions au grand livre.

Les deuxième et troisième opérations ont cela de particulier, qu'elles font sortir de la place six milliards d'espèces, qui rentrent par une porte, dans les caisses de l'État, et font sortir par une autre porte, ces mêmes six milliards pour retourner dans la place.

Opération qui s'effectue, comme on le voit, par un simple virement de valeurs, et ne laisse d'autre charge à l'État, pour compléter sa liquidation, que celle de continuer ses versements de trois-cents millions à la Caisse d'amortissement, pendant le cours des dix-sept années suivantes.

§ V.

Le plan, en lui-même, présente-t-il un danger quelconque, au point de vue du mouvement général des affaires industrielles et commerciales ?

Il serait difficile d'admettre cette supposition en aucun temps, et à plus forte raison, aujourd'hui. En effet, la place saignée, comme on dit, jusqu'à blanc, le lendemain de l'emprunt, ou des emprunts successifs que l'État va être forcé de contracter sous un trop bref délai ; celle-ci, privée tout-à-coup des trois-quarts ou plus, de ses ressources monétaires, aura beau se tordre et se débattre, elle succombera fatalement dans une lutte au-dessus de ses forces ; et ce, par cette raison majeure que l'emprunt actuel est grevé par avance de la circonstance la plus aggravante qui puisse se rencontrer en pareille matière. En effet, les emprunts ordinaires ont cela de bon, que la plus grande partie des capitaux empruntés pour les besoins du pays, restent sur place, et ne font, en quelque sorte, que changer de main. Tandis que le montant de l'emprunt d'aujourd'hui, le plus colossal que l'imagination la plus montée eut pu supposer, est destiné à passer en Allemagne, et à être, pour la plus grande partie immobilisé dans les coffres des trésors Allemands.

Quel moyen employer parmi ceux usités pour réparer cette brèche ?

Aucun, nous l'affirmons ; car il ne suffit pas de vaines théories pour combler un vide. Il faut faire le plein.

Or, si à défaut de toutes autres ressources introuvables, par cela même qu'elles n'existent pas, nous substituons aux six milliards écus, retirés de la circulation générale, sept milliards et demi de billets d'État, en différentes coupures, ayant la même valeur intrinsèque que l'argent monnayé, remplissant en tout et pour tout, dans l'intérieur du pays, le même usage, la même fonction. N,y aurait-il pas imprudence coupable à rejeter le salut, pour rester sous le coup d'un danger réel ?

Existe-t-il des esprits assez écourtés pour élever des objections à l'endroit de la garantie que peut présenter le billet d'État ?

Nous ne le croyons pas.

Chacun a déjà compris que si la rente d'État, les obligations des chemins de fer Français, etc. , etc. , soit, *chacune de ces valeurs prises à part*. Sont acceptées aujourd'hui par nous tous comme représentant une garantie équivalante à celle de l'argent monnayé ; on aurait fort mauvaise grâce, croyons-nous, à élever des doutes sur la garantie afférente à cette valeur ; celle-ci étant doublée, et de la garantie de l'État, et de celle résultant de la valeur des titres formant le portefeuille de la Caisse d'amortissement, lesquels sont, par le fait, le gage, ou si l'on veut, la représentation des billets émis. Ce qui, il faut le reconnaître, présente un luxe de garantie, qui n'a pas encore eu son précédent.

Ceci-posé, nous nous demandons le pourquoi, un pouvoir quel qu'il soit, en tout temps, et surtout dans la phase où la France se trouve aujourd'hui, pourait-été entraîné à repousser la fondation d'un établissement financier (la caisse d'amortissement dont-il sagit ici) qui ne serait par le fait, que le quinzième ou le vingtième établissement de l'espèce déja autorisé par l'État, et ne différent des premiers qu'en ce que, ceux ci fonctionnent au profit de leurs actionnaires, et il faut le dire aussi, au profit de quelques intérets privés assez avisés pour aprécier l'importance de ces opérations et en receuillir les bienfaits.

Tandis que la caisse d'amortissement que nous préconisons, machine à réproduction de capitaux, ayant le même but et étant assise sur le même principe que ses devancières, fonctionnerait uniquement dans l'intérêt de l'État, c'est-à-dire au profit de la société tout entière ?

Certes, nous ne sommes pas du nombre des gens qui pensent que l'État doit se faire marchand, industriel, assureur, non, les États doivent avoir d'autres soucis, un but plus élevé à envisager ; mais ici le cas n'est pas le même, s'il est vrai que l'intervention de l'État soit nécessaire pour créer l'instrument de travail, dans le sens qu'il a paru nécessaire à celui-ci, d'éxiger son intervention dans l'intérêt de la sûreté générale, pour la création des établissements similaires, fondés précédemment, son rôle sans changer de nature, acquiert ici, une portée doublement utile, et il faut le dire, on ne saurait plus légal, puisque sans déroger à sa jurisprudence déjà établie, l'État ne fait au contraire que l'affirmer à nouveau.

Il dit : au lieu de vingt établissements financiers qui opèrent aujourd'hui en France, d'après le principe de l'amortissement, à la satisfaction et au profit d'un certain nombre d'intérêts privés, nous décrétons la création du vingt-unième établissement de l'espèce, celui-ci jouira comme ses devanciers, de son autonomie propre, à cette seule différence que ses produits sont exclusivement réservés à l'État, lequel se constitue l'actionnaire et le garant de ce dernier établissement.

Un exemple :

Est-ce que, par hasard, l'État venant à découvrir une mine d'or, dans la forêt de Fontainebleau, propriété nationale, celui-ci dédaignerait de faire exploiter cette mine à son profit, ou tout au moins à la céder à un exploitant qui lui en rendrait bon compte ?

Notre tâche est terminée, nous avons esquissé tant bien que mal, mais du mieux que nous avons pu, une idée que nous croyons éminemment profitable aux intérêts de la nation, si cette idée est repoussée, nous le déplorerons dans l'intérêt que nous venons d'indiquer, s'il en est autrement, nous serons heureux d'avoir pu apporter la première pierre à la fondation de l'édifice.

A. L.

Imprimerie de Ph. CORDIER, Faubourg St-Denis, 49.

NOTE AMPLIATIVE

Aux financiers par trop ombrageux au point de vue de l'équilibre de la place, c'est-à-dire des fluctuations pouvant résulter du trop plein de valeurs ou d'achats précipités, nous répondrons : l'émission des billets d'État, peut se mesurer à l'égal de la quantité de farine nécessaire à la consommation d'une ville, pendant le cours d'un mois ou d'une année; d'où il suit, que l'objection ne saurait être que spécieuse. — Mais si, enfin, ces considérations mesquines, devaient prévaloir aux yeux de l'État, nous dirions alors à celui-ci : de deux intérêts, ménageons-en au moins un. Affranchir l'État d'une dette de vingt milliards, et plus, c'est rendre ce dernier plus prospère qu'il ne l'a jamais été. C'est faire reconquérir à la France, d'un seul trait, sa suprématie sur le monde entier. Et ici, disons-le de suite, vouloir, pour l'État, c'est pouvoir. Ainsi donc, que l'État fasse frapper au lieu de six milliards; pour sept milliards de titres de rentes (ce sera juste la moitié de ce que les États-Unis ont dépensé pendant le cours de leur guerre intestine), qu'il saisisse, soit la caisse dont nous demandons plus haut la création, soit la caisse d'amortissement déjà instituée, du dernier milliard de titres frappés; qu'il autorise cette caisse à acheter avec le produit de ces titres, pour huit-cents millions, ou même un milliard de fonds Anglais, Russes, Allemands, Italiens; et cette caisse, qui n'aura d'autre fonction que de faire le remploi des coupons d'intérêts aux échéances, rendra à l'État, au bout de 66 ans environ, vingt-cinq milliards en titre de rentes, de ces divers états. Ces vingt-cinq milliards auront coûté à l'État Français, en admettant son émission à cinq pour cent, cinquante mille francs par année, soit pour la période entière : trois milliards, trois-cents millions : *time is money*. Et la France aura passé par-dessus sa place sans s'y arrêter, et sans même y toucher.

Typ. Ph Corfier. Faub. St-Denis, 49.